BEI GRIN MACHT SICH IHR WISSEN BEZAHLT

- Wir veröffentlichen Ihre Hausarbeit, Bachelor- und Masterarbeit

- Ihr eigenes eBook und Buch - weltweit in allen wichtigen Shops

- Verdienen Sie an jedem Verkauf

Jetzt bei www.GRIN.com hochladen und kostenlos publizieren

Rating und Risikomanagement. Ratingsysteme im Finanzwesen

Berrit Lambardt

Bibliografische Information der Deutschen Nationalbibliothek:

Die Deutsche Nationalbibliothek verzeichnet diese Publikation in der Deutschen Nationalbibliografie; detaillierte bibliografische Daten sind im Internet über http://dnb.d-nb.de abrufbar.

ISBN: 9783346894885
Dieses Buch ist auch als E-Book erhältlich.

Druck und Bindung: Books on Demand GmbH, Norderstedt Germany
Gedruckt auf säurefreiem Papier aus verantwortungsvollen Quellen

Das vorliegende Werk wurde sorgfältig erarbeitet. Dennoch übernehmen Autoren und Verlag für die Richtigkeit von Angaben, Hinweisen, Links und Ratschlägen sowie eventuelle Druckfehler keine Haftung.

Das Buch bei GRIN: https://www.grin.com/document/1366164

Einsendeaufgabe

Alternative B

Abgegeben am 29. Juni 2022 im eCampus

SRH Fernhochschule

Modul: Rating & Risikomanagement

Studiengang: Finance, Accounting, Controlling &

Taxation

Von

Berrit Lambardt

Studiengang: Finance, Accounting, Controlling &

Taxation

Inhaltsverzeichnis

Aufgabe 1

In der ersten Aufgabe dieser Einsendeaufgabe werden die verschiedenen Arten von Risiken und die damit verbundenen Ausprägungen gegeneinander abgegrenzt.

Hintergrund zu Unternehmensrisiken

Die Einteilung von Risikoarten kann auf verschiedene Weise klassifiziert werden. Bevor ein Unternehmen das jeweilige Risiko der spezifischen Art oder Gruppe zuordnen kann, muss es zuerst das Unternehmensrisiko erkennen beziehungsweise feststellen. Im Anschluss daran werden die Risiken analysiert und diskutiert, damit die Bedeutsamkeit des entsprechenden Risikos festgestellt, eingeordnet und im Anschluss bewertet werden kann. Die Unternehmen sollten sich individuell ihre eigenen Risikomuster erstellen, da die verschiedenen Risiken für die Unternehmen unterschiedliche Bedeutungen und Auswirkungen haben. Demnach muss das jeweilige Unternehmen das Risiko individuell behandeln und bestenfalls beheben. Aufbauend darauf kann dann die entsprechende Risikostrategie und das Risikomanagement angewandt werden.[1]

Zunächst wird von einem Unternehmensrisiko gesprochen, wenn nicht feststeht, welche Auswirkungen bestimmte Entscheidungen innerhalb oder außerhalb des Unternehmens auf das Unternehmen haben. Diese Auswirkungen können durch das Unternehmen selbst oder aufgrund von Umwelteinflüssen bedingt werden. Entscheidend bei diesen Auswirkungen ist die Art, Größe, Häufigkeit und der Ort der Risiken. Häufig entstehen Risiken, da das Zusammenspiel einzelner Komponenten nicht bedacht und die dadurch entstehenden Auswirkungen unterschätzt wurden. Zusätzlich ist es möglich, dass Informationen zu den entstehenden Risiken im Vorfeld nicht vorhanden waren und somit gegebenenfalls unvorhersehbar eingetroffen sind.[2]

Es gibt zwei Arten des Risikoverständnisses. Nicht jedes Risiko muss unbedingt mit einem daraus resultierenden Schaden ausgehen. Zum einen besteht die Möglichkeit, dass es zu einer Abweichung kommt, wodurch ein Risiko entsteht, welches einen Schaden mit sich bringt. Zum anderen besteht aber auch die Möglichkeit, dass dieses Risiko zwar besteht, aber kein Schaden aus diesem resultiert. Im Grundsatz wird ein Risiko immer mit negativen Auswirkungen in Verbindung gebracht. Bei der Einschätzung des Risikoeintritts bestehen zwei Optionen, welche die Höhe dieser Form ausdrücken soll. Hierbei wird zwischen der Wahrscheinlichkeit und der Möglichkeit des Verlustes gesprochen. Ja nach Stärke der Steigung wird der Risikoeintritt dann im Anschluss bewertet. Ein Risiko im Unternehmen hängt in der Regel immer von dem Informationsstand ab. Liegen

---

[1] Vgl. Rosenkranz (2005), S.19-20.
[2] Vgl. Controlling Portal.

nicht genug Informationen vor, so ist die Wahrscheinlichkeit einer Abweichung größer und es können Schäden und Verluste entstehen. Solche unvollständigen Informationsstände hängen in vielen Fällen mit daraus resultierenden unsicheren Entscheidungen des Ergebnisses zusammen. Im Umkehrschluss kann ein Risiko anfangs auch negativ gedeutet werden und sich im weiteren Verlauf jedoch positive Auswirkungen mit sich bringen.[3]

Risikoarten

Bei der Abgrenzung verschiedener Risikoarten können verschiedene Klassifizierungen herangezogen werden. Zum einen können Risiken unterschieden werden, indem sie den unterschiedlichen Bereichen eines Unternehmens zugeordnet werden und demnach voneinander abgegrenzt werden. Für die Zuordnung des jeweiligen Risikos in den entsprechenden Bereich, werden Klassen erstellt, die darstellen sollen, welches Risiko welchem Bereich zugeordnet werden müssen. Zusätzlich werden die Risikoarten ebenfalls durch ihren Zeitpunkt, die Entstehung oder auch der Fristigkeit voneinander abgegrenzt. Das bedeutet, dass die Risiken nicht zu dem Zeitpunkt erkannt werden, indem sie entstanden sind, sondern zeitliche Abweichungen hierbei bestehen. Zudem kann es je nach Risiko auch einen unterschiedlich langen Zeitraum einnehmen. Darüber hinaus spielt nicht nur die Dauer des Risikos eine Rolle, sondern auch der damit verbundene Bearbeitungszeitraum für das Unternehmen lässt Risiken unterscheiden. Somit kann ein Risiko kurzzeitig innerhalb von wenigen Wochen oder Monaten beseitigt werden oder aber es kann auch je nach Auswirkung mehrere Jahre dauern, bis der Schaden des Risikos behoben wird.[4]

Des Weiteren können Risiken nach den betroffenen Gruppen eingeteilt werden. Demzufolge werden Einzelrisiken und Gruppenrisiken voneinander differenziert. Handelt es sich um Einzelrisiken so ist je nach Klassifizierung nur ein Unternehmen oder ein spezifischer Bereich eines Unternehmens betroffen. Risiken dieser Art können allein von dem Bereich oder dem jeweiligen Unternehmen bearbeitet werden, da sie durch keinen äußeren Einfluss verursacht wurden. Gruppenrisiken hingegen können nicht von einem einzelnen Unternehmen oder einzelnen Bereich eines Unternehmens bearbeitet werden. Dies liegt daran, dass diese Risiken unternehmensübergreifend oder bereichsübergreifend vorhanden sind. In diesem Fall müssen die verschiedenen Parteien, soweit es möglich ist, gemeinsam das Risiko beseitigen. Bei einem Kumulrisiko handelt es sich um eine Vielzahl von Einzelrisiken, die den identischen Schaden errichtet haben und somit von einer Einheit behoben werden können. Hierbei spielt es keine Rolle wer der

---

[3] Vgl. Controlling Portal.
[4] Vgl. Rosenkranz (2005), S. 27

Betroffene dieser Risiken ist. Zuletzt stellen Globalrisiken ein Problem für ganze Branchen, Bereiche oder sogar Volkswirtschaften dar. Bei dieser Risikoart besteht für ein einzelnes Unternehmen nicht die Möglichkeit diesen Schaden zu beheben. Demnach zeigt sich, umso größer die Anzahl an Betroffenen ist, desto weniger hat ein Einzelner die Möglichkeit einen Einfluss auf das Risiko zu nehmen, um den Schaden möglichst gering zu halten. Je nachdem, in welcher Form die Beteiligten bei Risiken betroffen sind und wo diese versichert sind, kann es für die unterschiedlichen Parteien auf der einen Seite als Gruppen- und auf der anderen Seite als Einzelrisiko definiert werden.[5]

Insgesamt können Risiken in der Praxis meist nur subjektiv bewertet werden, da diese auf den Empfindungen der Entscheidenden derer basieren, die das Risiko ermitteln und bewerten. Demnach wird die Höhe des Schadens auch unterschiedlich eingestuft. Über den Radius der Betroffenen eines Risikos, kann die Art ebenfalls nach Sach- und Personenrisiken voneinander abgegrenzt werden. Entscheidend hierbei ist, ob die jeweiligen Personen, bei Unternehmen also die Mitarbeiter, von dem Risiko und dem daraus resultierenden Schaden betroffen sind oder ob diese den Schaden ausgelöst haben. Aufgrund dessen wir bei Unfällen am Arbeitsplatz von Personenrisiken und bei Gewinnverlusten eines Unternehmens von Sachrisiken gesprochen. Unabhängig davon, ob es sich um ein Personenrisiko oder ein Sachrisiko handelt, wird die Risikobewertung immer auf monetäre Weise eingestuft. Auch wenn das Risiko ein nichtfinanzielles Risiko darstellt, bei dem der Schaden kein Gewinnverlust ist, mit einem entsprechenden Betrag bewertet wird. Zu beachten ist hierbei, dass nicht nur die Bewertung dieses Schadens auf monetäre Art erfolgt, sondern auch der Schadensausgleich der Versicherung wird mit dem entsprechenden Betrag ausgeglichen und nicht sachlich ersetzt. Dies bedeutet, dass zerstörte Güter nicht ersetzt werden, sondern es erfolgt eine Auszahlung in Höhe ihres eigentlichen Wertes.[6]

Neben den bisher genannten Differenzierungen von Risikoarten, unterscheidet sich Risiken der inneren und der äußeren Umwelt. Die innere Umwelt bildet einen Oberbegriff für Risiken, welche beispielsweise die einzelnen Abteilungen oder Bereiche des Unternehmens betreffen und sich nicht außerhalb abbilden. Hierbei handelt es sich dann in den meisten Fällen um die oben genannten Einzelrisiken. Zudem kann die Unterscheidung auch nach dem ausgerichteten Bereich des Unternehmens erfolgen, indem sich das Risiko auf den kundenspezifischen Themen ausrichtet, welche demnach nicht nur eine Abteilung betreffen. Häufig nehmen die Risiken der einzelnen Bereiche im Verlauf Auswirkungen auf die anderen Bereiche. Das bedeutet, dass Kundenrisiken auf die

---

[5] Vgl. Rosenkranz (2005), S. 27.
[6] Vgl. Rosenkranz (2005), S. 31.

Dauer ebenfalls ein Risiko und demzufolge ein Schaden im Finanzbereich anrichten kön-nen und somit ein zweistufiger Risikoprozess entsteht. Risiken der äußeren Umwelt stel-len keine direkten internen Risiken dar, sondern entstehen am Markt. Das bedeutet, dass durch Lieferanten, den Wettbewerb oder beispielsweise auch Gesetze Risiken entste-hen, welche den Erfolg der Unternehmen negativ beeinflussen können. Hierbei handelt sich um derartige Globalrisiken, auf die das Unternehmen keinen direkten Einfluss hat und sich eigenständig absichern und schützen muss. Im Hinblick auf die äußere Umwelt ist es für ein Unternehmen wichtig, nicht nur darauf zu achten, dass bei internen Prozes-sen keine Risiken entstehen, sondern auch der Wettbewerb und das Marktumfeld sollte dauerhaft unter Beobachtung stehen, um sich gegen derartige Risiken abzusichern. Nicht alle Unternehmen müssen gleichermaßen von Risiken der äußeren Umwelt betrof-fen sein. Hierbei spielen ebenfalls die Art und Branche des Unternehmens eine erhebli-che Rolle.[7]

Über die bisherigen Einteilungen von Risikoarten können weitere detailliertere Gruppen von Risikoarten erstellt werden, die verschiedene Risikoereignisse darstellen. Allge-meine externe Risiken gehören zu den Risiken der äußeren Umwelt. Hierzu zählen unter anderem Risiken in Bezug auf die neuen, innovativen Technologien, welche durch die Digitalisierung verursacht werden. Unternehmen, oder Bereiche, welche Ihre Basis in dieser Branche haben oder von diesen abhängig sind, können durch diese Schäden stark betroffen werden. Das bedeutet, dass sie sich dauerhaft darüber informieren soll-ten, welchen Anforderungen ihr Unternehmen entsprechen sollte, damit sie keinem Ri-siko ausgesetzt sind um wettbewerbsfähig bleiben. Dies ist für die Unternehmen von hoher Bedeutung, da der gesamte Kreislauf des Unternehmens einen hohen Schaden durch dieses Risiko erfahren kann. Sollten Unternehmen sich nicht wie andere weiter-entwickeln und sich digitalisieren, können sie gegebenenfalls nicht mehr mit den Liefe-ranten zusammenarbeiten, da sie sich auf einem anderen Entwicklungsstand befinden. Zudem kann es in der eigenen Produktion zu Verzögerungen oder höheren Kosten kom-men, wenn sie sich nicht den gleichen Technologien widmen, wie es die Wettbewerber machen. Daraus resultiert, dass die Wettbewerber Vorteile am Markt erzielen und das Unternehmen keinen Erfolg weiterhin erzielen kann. Dies zeigt, dass das Risiko im Be-reich der neuen Technologien in vielen Unternehmen einen großen Schaden anrichten kann, auch wenn sie kein produzierendes Unternehmen aus dieser Branche sind. Na-turkatastrohen stellen ebenfalls ein großes Risiko dar, welches nicht vorab beeinfluss werden kann. Überflutungen, Brände oder auch Pandemien können demnach bei jeder Art von Unternehmen einen riesigen Schaden errichten, dem durch keine

[7] Brunner-Kirchmair, Pernsteiner (2017), S. 73-74.

Risikomanagementsysteme entgegengewirkt werden kann. Unternehmen sollten sich diesbezüglich so gut wie möglich absichern. Ein dritter externer Risikofaktor der äußeren Umwelt sind die Risiken durch rechtliche und politische Rahmenbedingungen. Kommt es aus dieser Richtung zu neuen Gesetzen oder Vorschriften, besteht für die Unternehmen die Gefahr, dass die bisherige Geschäftstätigkeit in der Form nicht mehr ausgeübt werden kann und verändert werden muss. Jede Veränderung kann eine Chance aber auch ein Risiko für ein Unternehmen darstellen, was in der Regel mit hohen Kosten verbunden ist. Sollten diese Anpassungen für Unternehmen nicht tragbar sein, kann es dazu kommen, dass das Unternehmen keine wirtschaftliche Zukunft hat und aufgrund nicht beeinflussbarer Gründe nicht mehr bestehen kann. All diese Risikoarten können eintreten, ohne dass sich die Unternehmen vollständig gegen Schäden absichern können.[8]

Leistungswirtschaftliche Risiken können die innere und die äußere Umwelt betreffen. In diesem Bereich können Risiken in der Beschaffung, Produktion, dem Vertrieb oder auch der Entwicklung auftreten. Risiken dieser Form betreffen die interne und die externe Umwelt, da es zu Problemen bei den eigenen Prozessen kommen kann oder auch bei denen der Lieferanten. Unternehmen können diese Risiken daher zum Teil beeinflussen, indem sie die eigenen Prozesse der verschiedenen Bereiche unter Beobachtung halten und möglichen Risiken entgegenwirken. Dadurch haben sie die Möglichkeit, das Risiko der internen Umwelt gering zu halten. Gerade im Bereich der Produktion sind die Unternehmen von weiteren Lieferanten und Kunden abhängig. Sie sollten hier daher ebenfalls regelmäßig aufkommende Risiken ermitteln und abschätzen und diesen schnellstmöglich entgegenwirken. Unternehmen haben im Gegenzug zu den allgemeinen Risiken eine bessere Einflussmöglichkeit, beispielsweise erhöhten Kosten oder Lieferengpässen entgegenzuwirken, erhalten aber ebenfalls einen großen Schaden durch derartige Risiken. Ebenfalls wie die leistungswirtschaftlichen Risiken stellen die finanzwirtschaftlichen Risiken eine Risikoart dar, welche in die innere und äußere Umwelt eingeordnet werden kann. Diese können für Unternehmen einen Schaden darstellen, wenn beispielsweise Marktpreise nicht mit denen des Unternehmens übereinstimmen und dadurch bei dem Unternehmen Verluste erzielt werden. Zudem kann die Liquidität und auch beispielsweise die Bonität zu einem großen Risiko führen. Dies ist auf beide Seiten zurückzuführen, was bedeutet, dass das Unternehmen einem Risiko gegenübersteht, wenn die Lieferanten den Zahlungen nicht nachkommen können, aber auch wenn das Unternehmen

---

[8] Vgl. Glaser (2022), S. 38.

diesen nicht nachkommen kann. Je höher dieses Risiko für das Unternehmen bewertet wird, desto geringer ist die Chance für das Unternehmen weiterhin zu bestehen.[9]

Die letzte Art von Risiken sind die der internen Umwelt, welche aus dem Unternehmen selbst bestehen. Bei diesen Risiken wird in erster Linie die Unternehmenskultur und die Zufriedenheit der Mitarbeiter beleuchtet. Sollten Risiken entstehen, die zeigen, dass das Betriebsklima nicht gut genug ist, da Differenzen zwischen den Vorgesetzen und Mitarbeitern bestehen oder die Arbeitsbedingungen einen negativen Einfluss auf die Arbeit haben, stellt das für das Unternehmen ein Risiko dar. Das Unternehmen ist in diesem Fall selbst dafür verantwortlich diese Auswirkungen an Schäden zu vermeiden und entgegenzuwirken. Mithilfe von ständiger Beleuchtung dieser Faktoren kann das Unternehmen hierauf Einfluss nehmen, sodass diese Risiken gar nicht entstehen. Sollten diese Risiken jedoch eintreten, können diese einen hohen Schaden für das Unternehmen anrichten. Der Kreislauf dieser Risiken liegt darin, dass sich gegebenenfalls die Unzufriedenheit der Mitarbeiter auf die Leistungen und demnach den Erfolg des Unternehmens ausrichten und sich dadurch weitere Risiken der anderen Gruppen entstehen.

Die genannten Risikoarten und Gruppierungen zeigen, dass sie auf unterschiedliche Weise voneinander abgegrenzt werden können. Jedoch greifen die verschiedenen Arten von Risiken immer wieder ineinander, sodass verschiedenen Verbindungen bestehen. Unternehmen müssen daher aufpassen, dass bestehende Risiken und resultierende Schäden keine weiteren Risiken verursachen. Zudem ist das Zusammenspiel von der Beobachtung der internen und externen Gegebenheiten sehr wichtig, um den Fortbestand und Erfolg des Unternehmens sicherzustellen.[10]

---

[9] Vgl. Glaser (2022), S.134-135.
[10] Vgl. Controlling Portal.

Aufgabe 2

Allgemeine Begriffsdefinition Rating

Diese Aufgabe befasst sich mit dem Begriff Rating. Bei dem Begriff Rating handelt es sich um die Bewertung von Banken, Unternehmen und Ländern in verschiedene Ratingsysteme, bei denen die Bonität bewertet und eingestuft wird. Rating kann in verschiedenen Bereichen, wie dem Finanz- und Bankenwesen oder die Psychologie und dem Marketing eingesetzt werden. Bei der Bearbeitung dieser Aufgabe wird der Fokus auf das Finanzwesen gelegt.

Für Rating bestehen verschiedene Modelle, welche unterschiedliche Klassen darstellen, in die die bewerteten Objekte eingeordnet werden. Das Ergebnis des Ratings stellt dann eine Zahl oder Note dar, die auf der jeweiligen Skala eingeordnet werden kann. In vielen Fällen wird Rating eingesetzt, um Handlungsempfehlungen am Finanzmarkt zu generieren. Ein Beispiel hierfür ist der Aktienmarkt. Diese werden anhand verschiedener Merkmale geprüft, damit Kaufempfehlungen ausgesprochen werden können. Zusätzlich sagt das Rating etwas über die Bonität der jeweiligen Objekte aus. Rating dient somit als Basis des Risikomanagements. Hiermit kann analysiert werden, wie perspektivisch es möglich ist, dass Zahlungsverpflichtungen nicht planmäßig eingehalten werden. Auf Grundlage des Ratings wird zudem ermittelt, wie hoch die Kreditzinsen eines Schuldners sind. Für viele Unternehmen dient das Rating auch als Vorteil bei Shareholdern. Dies hat den Hintergrund, dass ein gutes Rating Sicherheitspotentiale mit sich bringt.[11]

Rating kann durch Banken und durch spezialisierte Ratingagenturen durchgeführt werden. Hierbei ist jedoch zu beachten, dass nicht alle Analysen für jeden Leihen einzusehen sind, da das Ergebnis aufgrund der Analysedaten nicht einfach frei veröffentlicht werden darf. Somit können Banken beispielsweise Ratings intern für sich erstellen, welche dann nur für die eigenen Geschäftstätigkeiten genutzt werden dürfen. Allgemein sind deutsche Kreditinstitute seit Dezember 2002 dazu verpflichtet, Ratings durchzuführen. Zudem müssen die Banken Risikoprüfungen bei den Kreditnehmern durchführen, wenn die Kreditbeträge einen Wert von über 250.000 Euro übersteigen. Diese Vorgabe basiert auf den Angaben von Basel II oder zuvor auch dem Paragrafen § 18 Kreditwürdigkeitsgesetz.[12]

Bei dem Begriff Rating wird zwischen zwei verschiedenen Bedeutungen unterschieden. Die erste Bedeutung von Rating bezeichnet den Prozess, indem ein Objekt analysiert und die Bonität ermittelt wird. Für eine solche Unternehmensanalyse werden spezifische

---

[11] Vgl. Reichling, Bietke, Henne (2007), S. 43-44.
[12] Vgl. Hofbauer, Bergmann (2008), S. 40.

Daten und die Wirtschaftlichkeit des Unternehmens betrachtet und bewertet. Diese werden im Anschluss auf entsprechenden Skalen eingestuft. Die zweite Bedeutung beschreibt das aus diesem Prozess erfolgende Resultat. Dieses Ergebnis stellt eine Bewertung der Zahlungsfähigkeit, also der Bonität dar. Es gibt verschiedene Faktoren, welche mit einfließen und die Art des Ratings voneinander unterscheiden. Unterschieden wird hierbei zwischen zeitlichen Aspekten, den Interessenten und der Art des Ratings.[13]

Wird die Art des Ratings näher betrachtet, so werden das Emissionsrating, welches auch als Issue bezeichnet wird und das Emittentenrating, also Issuer Rating voneinander abgegrenzt. Das Issue Rating bezieht sich speziell auf ein bestimmt ausgewähltes Finanzmittel des jeweiligen Objektes. Dieses Finanzmittel stellt das Kapital eines Unternehmens dar und wird bewertet. Bei diesem Finanzmittel wird dann von der Emission gesprochen. Hingegen wird von dem Issuer Rating gesprochen, wenn nicht nur eine bestimmte Emission bewertet werden soll, sondern die die Gesamtheit aller Emissionen, so wird dies als Issuer Rating bezeichnet. Somit wird also die Zahlungsfähigkeit des gesamten Unternehmens betrachtet, welches alle Emissionen einschließt. Insgesamt sollte berücksichtigt werden, dass Ratings auf Basis von öffentlichen Unternehmensdaten erstellt werden können. Dadurch kann es passieren, dass verschiedene Ratingagenturen als Analysegrundlage über verschiedene voneinander abweichende Daten verfügen und somit unterschiedliche Ratingergebnisse ausfallen können. Werden Ratingagenturen explizit aufgefordert für die jeweiligen Objekte Ratings zu erstellen, so handelt es sich um sogenannte Solicited Ratings. Diese sind dann direkte Aufträge, welche nicht für die Öffentlichkeit erstellt werden. Beauftrag ein Investor hingegen Ratingagenturen, so wird dieses Vorgehen als Unsolicited Rating bezeichnet.[14]

Bei der zeitlichen Betrachtung von Ratings werden kurzfristige und langfristige Ratings voneinander abgegrenzt. Die kurzzeitigen Ratings haben einen maximalen Prognosezeitraum von zwölf Monaten und die Langzeitratings haben einen Prognosezeitraum von mindestens einem und maximal vier Jahren. In den meisten Fällen werden jedoch kurzzeitige Ratings bevorzugt, da diese auf aktuelleren Daten basieren und somit eine bessere Sicherheit geben.[15] Da die Ratings für verschiedene Objekte aus unterschiedlichen Bereichen und Branchen erstellt werden können, wird bei der Einstufung zwischen verschiedenen Emittentenarten unterschieden, damit eine Vergleichbarkeit gewährleistet werden kann. Somit wird beispielsweise zwischen Ländern, Unternehmen und Branchen differenziert. In vielen Fällen lassen die Objektinhaber aus eigenem Interesse Ratings ihrer Emissionen oder des gesamten Objektes durchführen. Sie erhalten dabei den

---

[13] Vgl. Reichling, Bietke, Henne (2007), S. 45.
[14] Vgl. Hofbauer, Bergmann (2008), S. 41-42.
[15] Vgl. Reichling, Bietke, Henne (2007), S. 46.

Vorteil, dass Informationen über die Wirtschaftlichkeit des Objektes zusammengefasst und daraus eine Bewertung erstellt wird. Hieraus können die Schuldner dann ableiten, wie die Zahlungsfähigkeit für den jeweiligen Prognosezeitraum ausfällt. Am Ende stellt die Bewertung also das Resultat, eine Kennzahl oder Note dar, welche auf einer Skala das Risiko eines Schuldners einstuft. Diese sagt dann die Wahrscheinlichkeit, ob ein Schuldner liquide genug ist, um seine Verbindlichkeiten zu begleichen. Bei dem Rating Prozess ist es wichtig, dass dieser objektiv durch die Ratingagentur umgesetzt wird. Zudem ist für das Resultat die Transparenz und Nachvollziehbarkeit von hoher Bedeutung.[16]

Basel III

Wie bereits zu Beginn dieser Aufgabe erwähnt, gibt es bestimmte Vorschriften zum Thema Rating die durch den Baseler Ausschluss festgelegt wurden. Die Beschlüsse von Basel III stellen ein Rahmenwerk dar, welches durch den Baseler Ausschuss für Bankenaufsicht festgelegt wurde. Diese basieren auf den Regularien von Basel II, welche sich auf die Eigenkapitalanforderungen aus dem Jahr 2004 belaufen. Aufgrund von der im Jahr 2007 und 2008 stattfindenden Finanzkrise wurde Basel III erweitert. Das allgemeine Ziel der Beschlüsse von Basel III ist die Stabilisierung des Eigenkapitals. Dabei geht es um die Sicherung des Eigenkapitals durch einen gewissen Anteil an Kernkapital und einem Anteil an Kapitalpuffern. Basel III wurde im Dezember 2010 erstmalig entworfen, es kam jedoch erst im Dezember 2017 zur Beschließung dieser Vorgaben. Mit den Beschlüssen werden nur Empfehlungen für die beteiligten Länder des Ausschusses angegeben, es wird jedoch gefordert, dass sich alle nach diesen Vorgaben richten.[17]

Ratingklassen

Mithilfe der Ratingklassen können die Noten oder Zahlenwerte des Ratingprozess auf Skalen eingestuft werden. Die Ratingklassen bestehen aus der Ratingnote, der idealisierten Ausfallquote der empirisch ermittelten Ausfallquote und einer Beschreibung der jeweiligen Klasse. Zwischen der idealisierten und der empirisch ermittelten Ausfallquote können kleinere Abweichungen entstehen, da die idealisierte Ausfallquote auf Erfahrungswerten basiert. Es gibt bekannte Ratingagenturen, welche Ratingklassen erstellt haben, die für andere als Orientierung dienen. Bekannte Ratingagenturen sind beispielsweise Standard & Poor´s, Moody´s und Fitch. Jedes Kreditinstitut oder Ratingagentur hat jedoch die Möglichkeit eigene Klassen aufzustellen. Diese Klassen werden auch als Risikoklassen bezeichnet, da sie das Ausfallrisikos des Schuldners beschreiben. Die

---

[16] Vgl. Hofbauer, Bergmann (2008), S. 43.
[17] Vgl. Deutsche Bundesbank Eurosystem.

Ratingklassen AAA bis BBB- stellen den Bereich Investment Grade dar. Das bedeutet, dass die Einstufung in diese Klassen kein hohes Risiko darstellen und die Zinssätze niedrig sind. Die anschließende Gruppe ist Speculative Grade und beinhaltet die Noten BB+ bis D. Diese stellen ein höheres Risiko dar und haben demzufolge auch höhere Zinssätze. In Deutschland wurde im Jahr 2004 durch die Initiative Finanzstandard Deutschland (IFD) ein einheitliches Ratingklassensystem eingeführt, damit bessere Vergleiche der verschiedenen Ratings durchgeführt werden kann. Dies richtet sich vor allem für Ratings von klein- und mittelständischen Unternehmen. Die deutschen Banken hingegen nutzen bisher alle unterschiedlichen Skalen, wodurch die Schuldner ihr Rating nicht mit denen von anderen Banken vergleichen können, da die Aussage der Noten voneinander abweichen kann.[18]

Internes und externes Rating

Zusätzlich zu den Unterscheidungen zwischen zeitlichen Aspekten oder Klassen wird das Rating zusätzlich in das interne und externe Rating gegliedert. Bei dem internen Rating wird von der Bonitätsprüfung durch die Banken gesprochen. Auch wenn die Basel Akkord Bestimmungen ein bestimmtes Risikomanagement bei den Banken vorschreiben, können diese eigene Ratingsysteme aufstellen. Hier ist jedoch zu beachten, dass diese die Vorgaben erfüllen und Informationen transparent zeigen. Sobald ein Unternehmen Fremdkapital bezieht, besteht die Verpflichtung ein Rating durchzuführen. Die dadurch entstehenden Kosten werden dem Unternehmen nicht in Rechnung gestellt, sondern mit auf die Kreditzinsen zugerechnet. In Anlehnung an die Baseler Vorgaben müssen alle wirtschaftlichen Informationen des Unternehmens überprüft werden, um ein ordentliches Rating durchzuführen. Laut den Basel Vorgaben gibt es sieben Risikoklassen für ausgefallene und nicht ausgefallene Kreditnehmer. Wichtig ist hierbei das alle Klassen eine ausführliche Beschreibung beinhalten.[19]

Bei dem externen Rating wird die Kreditwürdigkeit des Schuldners durch Ratingagenturen durchgeführt. Dies ist beispielsweise in Amerika schon deutlich länger populär als in Deutschland und gilt als Vorreiter vom internen Bankenrating. Die externen Ratingagenturen unterscheiden sich manchmal darin, dass sie sich beispielsweise auf die Objekte bestimmter Branchen oder Unternehmensgrößen spezialisiert haben. Das Rating kann von Unternehmen als ein Aushängeschild verwendet werden, wenn ein gutes Rating erzeugt wird. Es dient dem Unternehmen für ein gutes Image in der Öffentlichkeit. Nach außen dient das Rating dem Unternehmen transparent gegenüber Stakeholdern aufzutreten und Vertrauen und Sicherheit auszustrahlen. Rating durch externe Agenturen sind

---

[18] Vgl. Industrie- und Handelskammer.
[19] Vgl. Hofbauer, Bergmann (2008), S. 45-47.

meistens objektiv und neutral. Dies liegt daran, dass sie als Außenstehende eine objektive Sichtweise einnehmen können und nicht an der Finanzierung beteiligt sind. Sie wirken als Mittelglied von Kapitalgebern und Schuldnern. Zudem dient ein externes Rating dazu wirtschaftliche Schwierigkeiten des Unternehmens zu identifizieren. Jedoch stellen die Agenturen nicht unbedingt Lösungsansätze bei schlechten Ergebnissen auf. Zukünftig kann das Unternehmen diese Auswertung für Verbesserungen nutzen. Der Nachteil von externen Ratingagenturen sind die hohen Kosten. Diese sind abhängig von der Art und Größe des Unternehmens und dem Aufwand der Analyse ab und liegen in der Regel bei maximal 30.000 Euro. Inhalte dieser Unternehmensanalyse sind die Bilanzen, Marktchancen, fachliches Wissen, aktueller Standpunkt am Markt oder auch der Stellenwert zur Konkurrenz. Demnach geht es bei einer solchen Analyse nicht nur um finanzielle Einflussfaktoren, sondern auch über darüberhinausgehende Faktoren.[20]

---

[20] Vgl. Industrie- und Handelskammer.

Aufgabe 3

Die dritte Aufgabe dieser Einsendeaufgabe beinhaltet die Konzeption von Ratingsystemen und die Beurteilung, inwiefern diese für ein Rating genutzt werden können.

Ratingsysteme werden von Kreditinstituten erstellt, damit sie eine einheitliche Bonitätsprüfung bei ihren Kunden durchführen können. Durch die neusten Vorgaben der Basel Verordnungen müssen Unternehmen zur Sicherheit über einen höheren Anteil an Eigenkapital verfügen. Dadurch ist es für die Unternehmen nicht mehr so leicht Fremdkapital zu erhalten, da dies die Kreditwürdigkeitsprüfung erschwert. Mit den Ratingsystemen wird die Kreditwürdigkeit der Unternehmen auf verschiedene Kriterien prüft, damit festgestellt werden kann, ob der Schuldner fähig ist, die vereinbarten Zinsen in dem vorgesehenen Zeitraum zu tilgen. Hierbei wird dann das Risiko berechnet, wie hoch die Wahrscheinlichkeit ist, dass der Kreditnehmer diese Schulden zurückzahlen kann. Dieses Ergebnis beschreibt dann die Bonität, die auf dem Rating basiert. Dieses Rating dient für den Kreditgeber als Entscheidungsgrundlage, ob er einen Kredit an das Unternehmen vergibt oder nicht. Die Bonität wird in Form eines Ratings dargestellt, was in verschiedene Ratingklassen zur Beurteilung eingeteilt wird. Je besser das sogenannte Rating ausfällt, desto höher stehen die Chancen für den Kreditnehmer einen Kredit mit günstigeren Zinsen zu erhalten.[21]

Früher bestanden die Ratings der Kreditinstitute nur aus finanzwirtschaftlichen Komponenten. Dies waren zu dem Zeitpunkt die einzigen Faktoren, welche mit in die Beurteilung eingeflossen sind. Mittlerweile muss das Ratingsystem nicht nur aus quantitativen, also finanziellen Kriterien bestehen, sondern auch qualitative Kriterien sind von großer Bedeutung und werden mit in das Ratingsystem einbezogen. Für die Kreditinstitute besteht kein vorgegebenes System, welches zur Prüfung der Bonität verwendet werden muss. Wichtig ist nur, dass die drei Hauptgruppen zur Prüfung einbezogen werden. Diese sind die quantitativen und qualitativen Faktoren, sowie Warnhinweise eingeteilt. Die qualitativen Faktoren untersuchen im Hauptaugenmerk die Unternehmensführung, die Produktpolitik und auch die Marktanalyse. Bei den quantitativen Faktoren hingegen geht hauptsächlich um die finanzwirtschaftlichen Kennzahlen des Jahresabschlusses. Warnhinweise sollen mögliche Risiken des Unternehmens beleuchten und zeigen wie sich eine mögliche Zahlungsunfähigkeit auf das resultierende Ergebnis auswirken kann. All diese Komponenten werden in das Ratingsystem einbezogen und zur Auswertung der Bonität analysiert. Banken können eigenständig entscheiden und festlegen, welchen Einfluss und Anteil die quantitativen Faktoren und qualitativen Faktoren auf das Rating

---

[21] Vgl. Werner (2018).

haben. Somit kann die Priorisierung bei den Kreditinstituten unterschiedlich aussehen und demzufolge auch das Ergebnis des Ratings voneinander abweichen.[22]

Qualitative Kriterien

Zur detaillierten Einsicht werden nun die qualitativen Kriterien genauer beleuchtet. Die qualitativen Faktoren werden auch als die weichen Faktoren eines Ratingsystems bezeichnet. Es handelt sich hierbei um Kriterien, welche Einfluss auf das Unternehmen haben, aber nicht als numerisch messbare Größe erkennbar sind. Demnach können sie auch nicht unmittelbar erkannt werden. Sie stellen Faktoren dar, bei denen es um den Unternehmenserfolg und die Entwicklung des Unternehmens geht.[23]

Für das Beurteilen und Einschätzen dieser Faktoren gibt es Kontrolllisten, welche dieses bewerten. Anhand dieser Listen werden die Ergebnisse in numerische Werte transferiert. So können die Daten in das Rating einfließen und wie quantitative Daten ausgewertet werden. Diese Ausarbeitung und Auswertung von Daten erfolgt anhand von Ratinganalysten. Die Einbeziehung qualitativer Daten in das Ratingsystem führt zu einem besseren und realistischeren Rating. Dies hat den Hintergrund, dass in den qualitativen Daten mehrere Unternehmensindikatoren berücksichtigt werden, welche aus den quantitativen Daten nicht hervor gehen, dennoch sehr wichtig für die Unternehmensbeurteilung sind. Insgesamt steigern qualitative Kriterien eines Ratings die Glaubwürdigkeit des gemessenen Ergebnisses.[24]

Zur Beurteilung können die Kreditinstitute unterschiedliche Daten nutzen, um das Rating auszuführen. Die drei Hauptfaktoren setzen sich aus der Unternehmensführung, Produktpolitik und Marktanalyse zusammen. Allgemein sollen diese Faktoren die Entwicklungsmöglichkeiten von dem Personal und dem Management verstanden werden. Mithilfe der Umfeldanalyse kann festgestellt werden, welchen Stellenwert das Unternehmen zu dem gegebenen Zeitpunkt auf dem Markt einnimmt und ob sie demnach beispielsweise wettbewerbsfähig sind. Zudem versteht sich hierunter die Sicht des Risikomanagements und die qualitative Sicht des finanzwirtschaftlichen Bereichs im Hinblick auf die Planung und die Jahresabschlusspolitik. Die Gruppe der Produktpolitik soll Informationen rund um die Produktion und die Bewertung einzelner Produkte liefern. Insgesamt hängt die Tiefe der Analyse der einzelnen Faktoren von der Unternehmensgröße ab. Bei kleineren Unternehmen werden demnach die Hauptfaktoren im Wesentlichen beleuchtet

---

[22] Vgl. Erichsen (2022).
[23] Vgl. Werner (2018).
[24] Vgl. Werner (2018).

und die Banken schauen bei größeren Unternehmen detaillierter auf die einzelnen Bereiche.[25]

Zur Beurteilung der quantitativen Kriterien eines Ratingsystems werden die numerischen Werte herangezogen. Diese stammen in der Regel aus dem Jahresabschlussberichts des Unternehmens. Für das Rating gibt es demzufolge verschiedene Kennzahlen, welche für das Rating genutzt werden können. Unterschieden werden hierbei die Kennzahlen, welche eine Aussagekraft über die Insolvenz oder die Bonität des Unternehmens geben. Welche und wie viele Kennzahlen ausgewählt werden, hängt wieder von der Größe des Unternehmens ab. Aufgrund von gesetzlichen Vorgaben verfügen kleine und große Unternehmen über einfachere oder auch umfangreiche Jahresabschlüsse. Demnach verfügen die Kreditinstitute bei größeren Unternehmen über eine größere Auswahl an Kennzahlen, wodurch die Analyse detaillierter ausfallen kann.[26]

Mithilfe des Jahresabschlusses geben Unternehmen viele Informationen über ihre wirtschaftliche Lage preis. Dies hat zur Folge, dass sie den Banken einen guten Einblick erlauben. Aufgrund der Vorgaben von Anhängen und Lageberichten werden nicht nur Kennzahlen vermittelt, sondern auch aussagekräftige Hintergrundinformationen, welche die Kennzahlen erklären sollen und zur Bewertung der Bonität beitragen.[27]

Wie auch die qualitativen Faktoren werden die quantitativen Faktoren in drei Gruppen eingeteilt. Diese Kennzahlengruppen richten sich nach der Liquidität, Ertragslage und Vermögenslage. Die Liquidität soll die Zahlungsfähigkeit von Unternehmen widerspiegeln und zeigt, ob die vorhandenen Zahlungsmittel des Unternehmens ausreichen. Die Ertragslage hingegen stellt die Leistungsfähigkeit des Unternehmens dar verweist darauf inwieweit das Unternehmen in der Lage ist das eingesetzte Kapital effizient einzusetzen. Hier wird das Zusammenspiel von Input und Output dargestellt und die Wirtschaftlichkeit des Unternehmens gezeigt. Die Vermögenslage stellt die Beschaffenheit des Kapitals dar und zeigt die Anteile von Eigenkapital und Fremdkapital. Die Eigenkapitalquote hat hier eine hohe Bedeutung, da diese eine starke Auskunft über die Bonität gibt. Je höher der Eigenkapitalanteil ist, desto besser ist die Bonität. Das bedeutet dann schlussendlich, dass das Unternehmen aus eigenen Mitteln neues Vermögen finanzieren kann.[28]

Kreditinstitute können individuell entscheiden, welche Kennzahlen sie für die Bewertung dieser drei Hauptgruppen auswählen. Bei den Ratingverfahren wird nicht angegeben,

---

[25] Vgl. Erichsen (2022).
[26] Vgl. Werner (2018).
[27] Vgl. Sicking (2010), S. 210-212.
[28] Vgl. Werner (2018).

welche genauen Kennzahlen zur Bewertung ausgewählt wurden. Auch ei großen Unternehmen mit einer größeren Auswahl an Kennzahlen wird nicht eine größere Menge an Kennzahlen herangezogen. Die Aussagekraft des Ratings ist am Ende nicht sehr viel besser, wenn bei einzelnen Ratings weniger wichtige Informationen hinzugezogen werden. Demnach nutzen die Institute für ihre Ratingsysteme innerhalb der Organisation ein einheitliches Kennzahlensystem für die Auswertung der quantitativen Kriterien. Zudem besteht für die Kreditinstitute der Vorteil eines einheitlichen Ratingsystems, welches auf alle Unternehmen angewandt werden kann, darin, dass die Ergebnisse der Unternehmen besser miteinander verglichen werden können.[29]

Ein Rating gibt den Banken einen guten Überblick über die bisherige wirtschaftliche Lage des Unternehmens. Zu berücksichtigen ist jedoch, dass die Ergebnisse des Ratings aus Basis von Daten aus der Vergangenheit erfolgen und nicht auf das aktuelle Geschäftsjahr abzielen. Das bedeutet, dass die gesamtwirtschaftliche Situation gut aussieht, aber dennoch Veränderungen aufgetreten sein können. Ein Kreditinstitut sollte daher nicht nur auf das Ergebnis des Ratings achten, sondern ebenfalls andere Grundsätze mit in die Entscheidung einfließen lassen. Bei bestehenden Kunden hat die Bank die Möglichkeit Informationen zur Bonität nicht nur über quantitative Faktoren aus dem Jahresabschluss zu erzielen, sondern darüber hinaus die aktuelle Zahlungssituation zu prüfen. Das bedeutet, dass sie das aktuelle Verhalten der Buchhaltung analysieren und bewerten und damit gegeben, falls Abweichungen aus der Vergangenheit feststellen können. Zudem ist die Offenheit des Unternehmens sehr aussagekräftig. Ist ein Unternehmen bereit eigenwillig Informationen über die Wirtschaftlichkeit zu liefern, strahlt dies ein positives Verhalten aus. Unternehmen, welche nur ungern oder nur die verpflichtenden Daten liefern, wollen möglicherweise nicht alle Informationen offen preisgeben, was einen negativen Eindruck hinterlässt. Darüber hinaus können persönliche Gespräche zwischen den Kreditgebern und Unternehmen dazu führen, dass Kreditinstitute über die zukünftige Wirtschaftsplanung erfahren, welche einen indirekten Hinweis über die Wirtschaftlichkeit darstellt.[30]

Aufgrund dessen ist es wichtig, dass sich die Kreditinstitute umfänglich mit den Unternehmen beschäftigen, wenn sie die Bonität prüfen wollen. Das Ergebnis des Ratings ist nur eine Zahl, welche auf Vergangenheitsdaten basiert. Negative Ergebnisse müssen daher nicht direkt ein Grund sein, dass die Bonität schlecht ist, da sich diese in der vergangenen Zeit auch entwickelt und verbessert haben kann. Trotzdem gibt das Rating

---

[29] Vgl. Sicking (2010), S. 210-212.
[30] Vgl. Werner (2018).

einen guten Überblick über die wirtschaftliche und finanzielle Lage von Unternehmen, die zur Beurteilung der Bonität beiträgt.[31]

---

[31] Vgl. Werner (2018).

Literaturverzeichnis

Achleitner, A., Everling, O. Niggemann, K. (2010): *Finanzrating. Gestaltungsmöglich-keiten zur Verbesserung der Bonität*. Wiesbaden: Springer Gabler Verlag.

Bundesministerium der Finanzen: *Glossar – Begriffe – Basel III*. Zugriff am 25.05.2022. Verfügbar unter https://www.bundesfinanzministerium.de/Web/DE/Ser-vice/FAQ_Glossar/Glossar/Functions/glossar.html?lv2=ca00e253-61cf-4b1a-9968-646384af1432&lv3=ab8749b4-0ee9-4997-92ff-69b39f48fae3#glossarab8749b4-0ee9-4997-92ff-69b39f48fae3.

Brunner-Kirchmair, T., Pernsteiner, H. (2017): *Finanzrisikomanagement von Familien-unternehmen* (S. 69-94). In Schöning, S., Gögüs, E., Pernsteiner, H. (2017): *Risikoma-nagement in Unternehmen. Interkulturelle Betrachtungen zwischen Deutschland, Ös-terreich und der Türkei*. Wiesbaden: Springer Gabler Verlag.

Controlling Portal: *Risikoidentifikation*. Zugriff am 20.06.2022. Verfügbar unter: https://www.controllingportal.de/Fachinfo/Risikomanagement/Risikoidentifikation.html.

Deutsche Bundesbank Eurosystem: *Basel III-Monitoring*. Zugriff am 25.05.2022. Ver-fügbar unter https://www.bundesbank.de/de/aufgaben/bankenaufsicht/rechtsgrundla-gen/baseler-rahmenwerk/basel-iii-monitoring-598118.

Deutsche Bundesbank Eurosystem: *Baseler Rahmenwerk*. Zugriff am 25.05.2022. Ver-fügbar unter https://www.bundesbank.de/de/aufgaben/bankenaufsicht/rechtsgrundla-gen/baseler-rahmenwerk.

Erichsen, J. (2022): *Rating Grundlagen*. Zugriff am 20.06.2022. Verfügbar unter: https://www.controllingportal.de/Fachinfo/Rating/Rating-Grundlagen.html.

Glaser, C. (2022): *Risikomanagement im Leasing. Grundlagen, rechtlicher Rahmen und praktische Umsetzung* (3. Auflg). Wiesbaden: Springer Gabler Verlag.

Hofbauer, G., Bergmann, S. (2008): *Optimales Rating für KMU – So überzeugen Sie Ihre Bank*. Erlangen: Publics Corporate Publishing.

Industrie- und Handelskammer Hamburg: *Kreditvergabe Rating*. Zugriff am 24.06.2022. Verfügbar unter Rating - Handelskammer Hamburg (ihk.de)

Reichling, P., Bietke, D., Henne, A. (2007): *Praxishandbuch Risikomanagement und Rating – Ein Leitfaden* (2 Auflg.). Wiesbaden: Gabler Verlag.

Rosenkranz, F., Missler-Behr, M. (2005): *Unternehmensrisiken erkennen und managen – Einführung in die quantitative Planung*. Berlin Heidelberg: Springer Verlag.

Schöning, S., Gögüs, E., Pernsteiner, H. (2017): *Risikomanagement in Unternehmen. Interkulturelle Betrachtungen zwischen Deutschland, Österreich und der Türkei.* Wiesbaden: Springer Gabler Verlag.

Sicking, F.: Nutzen und Funktionen des Finanzratings (S. 197-224). In Achleitner, A., Everling, O. Niggemann, K. (2010): *Finanzrating. Gestaltungsmöglichkeiten zur Verbesserung der Bonität.* Wiesbaden: Springer Gabler Verlag.

Werner, A. (2018): *Kreditwürdigkeitsprüfung.* Zugriff am 27.06.2022. Verfügbar unter: https://www.controllingportal.de/Fachinfo/Rating/Kreditwuerdigkeitspruefung.html.

Werner, A. (2018): *Qualitative Faktoren bzw. weiche Faktoren zur Beurteilung der Kreditwürdigkeit eines Unternehmens.* Zugriff am 27.06.2022. Verfügbar unter: https://www.controllingportal.de/Fachinfo/Rating/Qualitative-Faktoren-bzw.-weiche-Faktoren-zur-Beurteilung-der-Kreditwuerdigkeit-eines-Unternehmens.html.

Werner, A. (2018): *Quantitative Faktoren zur Beurteilung der Kreditwürdigkeit eines Unternehmens.* Zugriff am 27.06.2022. Verfügbar unter: https://www.controllingportal.de/Fachinfo/Rating/Quantitative-Faktoren-zur-Beurteilung-der-Kreditwuerdigkeit-eines-Unternehmens.html.

BEI GRIN MACHT SICH IHR WISSEN BEZAHLT

- Wir veröffentlichen Ihre Hausarbeit,
  Bachelor- und Masterarbeit

- Ihr eigenes eBook und Buch -
  weltweit in allen wichtigen Shops

- Verdienen Sie an jedem Verkauf

Jetzt bei www.GRIN.com hochladen
und kostenlos publizieren